Ambiente y Decoración

Ambiente y Decoración

EDITORIAL EVEREST, S. A.

Madrid • León • Barcelona • Sevilla • Granada • Valencia
Zaragoza • Las Palmas de Gran Canaria • La Coruña
Palma de Mallorca • Alicante • México • Lisboa

SUMARIO

L a inspiración en cualquier lugar de la casa, la atracción por todo lo que tenemos a nuestro alrededor, por los detalles, la organización y el ambiente: ésto es lo que quería realizar cuando pensaba en mi nuevo libro.

Y he comenzado a buscar casas y, hasta donde he podido, he elegido rincones, lugares, ambientes, que os dieran ideas y os hicieran soñar, pero sobre todo que os gustaran.

He querido que las casas fueran así, distintas, imaginativas, extravagantes, refinadas, vacías o muy llenas, ricas o muy pobres, pero siempre especiales.

Y, entonces, ¿por qué *Ambiente y decoración*? Para ampliar la perspectiva, para inspirarnos y tener más ideas, para encontrar, en definitiva, "nuestra isla".

Ambiente y decoración toma como punto de partida una buena mesa. Comer con alguien es un acto de comunicación y, por tanto, ya se trate de un desayuno o, como frecuentemente nos encontramos en nuestro menú para íntimos, de pasta, ensalada y chocolate, nunca estará de más que la mesa sea alegre, refinada, con una cálida atmósfera y, sobre todo, como ya he dicho en otras ocasiones, imaginativa.

El estrés está presente en nuestra vida a lo largo de todo el día y, por tanto, mejor será que nos sentemos tranquilos alrededor de una espléndida mesa y nos dejemos llevar por una atmósfera que se va haciendo más y más cálida.

Entonces nos olvidaremos definitivamente del apresurado día.

Una mesa seductora, una excelente comida y una presentación especial. Comeremos en el jardín, en la cocina, en el comedor o en la terraza, pero con un toque de elegancia.

El desayuno es para mí el momento preferido del día, porque me reconforta y me da plácidamente los buenos días. Todo gira alrededor de la mítica tetera caliente -de todos los tamaños y colores-: la mermelada, los cereales, el pan caliente, las tostadas y las tazas. Es una buena forma de empezar otra dura jornada.

La comida se suele hacer fuera de casa y, aunque se tiende a recuperar el tiempo y el ritual de la comida del mediodía, todavía se suele reducir en muchas ocasiones a un rápido bocadillo. La cena, sin embargo, todavía se mantiene. Es entonces cuando nos sentamos a la mesa todos juntos para conversar y conquistar... Nos pondrá de buen humor una mesa bien preparada, y saber que alguien ha pensado en nosotros nos hará sentir muy a gusto. Y, después, la comida, simple, mejor si es mediterránea, y una recomendación, el pan. Ya sea pan integral o blanco, con nueces, con uvas pasas o de soja, ha de estar hecho con el cuidado del que va a saciar el hambre sólo con él. Y muchas velas en cada rincón. Al final, terminaremos de comer de mala gana, porque nunca una cena fue tan especial, una atmósfera tan cálida, una comida tan exquisita, un ambiente tan acogedor, una mesa tan fascinante, los colores tan excitantes, los amigos tan afectuosos y tantos "hasta pronto, te lo prometo".

¿Cómo son los dueños de la casa que tan cariñosamente nos han hospedado? Ni siquiera los más especiales tienen algo en común, a no ser su personalidad, genialidad y un gusto innato por todo lo que está a su alrededor. Les describiré cómo son, cómo me parecen, y no resultará fácil... Pupi Solari no estará contenta, tan perfeccionista como es; Michele Bonan dirá que no he hablado de él lo suficiente; Anuska Hempel hará que su secretario me mande miles de faxes. Valentina Cortese dirá que se podía haber hecho fotos de otras casas suyas y la condesa Brandolini que el enfoque resultaría mejor de esta otra manera. Y entonces Nicholas Haslam o Paolo Moschino me consolarán, me harán sentir a gusto y me invitarán a su maravillosa casa de Londres. Ilaria Rattazzi me hablará y me explicará todo con la dulzura que le caracteriza, y entonces me tranquilizaré.

Un abrazo sincero para todos estos fantásticos anfitriones.

$\mathcal{U}$na encantadora locura

Es la casa de campo de Nicholas Haslam, uno de los más famosos arquitectos de Londres, y de su socio Paolo Moschino. Se trata del antiguo pabellón de caza de Enrique VII, situado en medio de un bosque con árboles centenarios y rodeado de setos, praderas, jardines simétricos, fuentes y un lago. Su casa forma un "teatro verde", como lo llama Nicholas.

He conocido a Haslam en su tienda de Holbein Place, en Londres. Minn Hogg me había hablado de él y no sé como agradecérselo, porque es una de las personas más adorables del mundo.

La casa, llamada Hunting Lodge, del siglo XVIII, tiene una fachada con ladrillos rojos y tres altos frontones de proporciones extraordinarias. Una casa que transmite una larga y fascinante historia.

$\mathcal{U}$na encantadora locura

Frente a la casa, un prado con altos setos y una verja blanca conduce a pabellones decorados con rejas en estilo gótico, alamedas, estatuas, lechos de flores, fuentes e invernaderos de jazmines blancos, geranios, rosas y florecillas de muchos colores.

Las mesas para el desayuno están puestas en el jardín: quesos, dulces, pan exquisito de Harrods, fruta exótica y té de menta, de rosa y de jazmín.

Hunting Lodge, a cuarenta millas de Londres, es una rara y perfecta evocación de la fascinante y serena vida de la campiña inglesa del siglo XVIII. Nos encontramos en la cabaña de verano, amueblada elegantemente al gusto de Haslam y rodeada de invernaderos y jardines. Nicholas viaja frecuentemente por todo el mundo en busca de inspiración para sus nuevos muebles. Aunque su formación y experiencia sean básicamente inglesas, el enfoque que da a la decoración y al diseño es universal, como testimonia lo ecléctico de sus salas de exposiciones en Londres.

Una encantadora locura

*El templete blanco y
la cabaña estival
vistos desde el jardín.
El invernadero es
todavía más
fascinante que el
inmenso jardín que
rodea la casa.
Continuando nuestro
paseo nos
encaminamos hacia un
sendero que nos lleva
al lago donde, detrás
de una pequeña isla
con grandes sauces
llorones, un obelisco
de piedra trompe-l'oeil
cierra el panorama.*

Dentro de la casa
todo es sencillo,
cómodo y elegante. En
la entrada, que
también se utiliza de
comedor, el suelo es
de baldosas de vieja
terracota. En el salón
todo es blanco:
cortinas de chintz,
chimenea del siglo
XVIII y un cuadro
del barroco italiano.
Fuera de la
habitación, un zaguán
lleno de libros y unas
escaleras góticas, con
una osada tapicería
pintada a mano,
conducen a los
dormitorios.

En las salas de exposiciones de Nicholas encontramos todos los elementos decorativos que más le gustan: suelos de acero y plástico, muebles blancos, divanes revestidos de lino beige o malva, de un pesado algodón blanco, o de tejidos que se parecen a un kilim descolorido. En resumen, los siglos XVII y XVIII, mezclados con el París y la Roma de antes de la guerra, el Rococó Revival de los años cincuenta de Cecil Beaton y Jean Cocteau y un fuerte sentimiento de la América de finales del siglo XX y el Extremo Oriente. Muchos objetos especiales por todas partes: un juego de desayuno de plata, una preciosa araña, diseños arquitectónicos en el techo y floreros de cerámica diseñados por Nicholas. Y las famosas zapatillas en kilim que tanto le gustan a la princesa Diana, su querida amiga.

Cuando no se puede más

Es insoportable y prepotente, pero una gran profesional dotada de un talento excepcional. Sus casas son increíbles, y es una pena que tan sólo unos cuantos puedan verlas. Tiene seis hijos, es guapa, rubia y muy activa. Por ella no pasan los años. Trabaja de la mañana a la noche, maltratando secretarias, asistentes y dependientes. Hace años que frecuento Blakes, su hotel y su taller de alta costura. Porque ella, Anouska Hempel, es la diseñadora de moda y decoradora de unos pocos afortunados. No conoce lo que significa la imprecisión. Es caprichosa como sabe serlo tan sólo aquél que tiene talento y creatividad, pero nunca ahorra trabajo. Sus mesas decoradas son cuadros perfectos. No le digas nunca cómo lo tiene que hacer. Al final, serás tú quien tenga que ceder. Después, quizá al día siguiente, al amanecer, te llamará por teléfono, y con voz amable, esta vez como *Lady Weinberg*, te hablará, te explicará y te pedirá perdón.

Cuando no se puede más

El pequeño comedor privado de la casa de Londres de Anouska Hempel tiene unos enormes ventanales que dan a un inmenso parque, con arriates verdes. Se trata de un prado al estilo inglés con floreros de viejo barro cocido con bojes y hortensias blancas. Todo es perfecto, desde las cortinas y la preparación de las flores recién traídas de su casa de campo hasta los objetos más especiales. Orden y precisión son sus principios fundamentales. Todo tiene un aire oriental en el taller, en el hotel y en el elegante restaurante de Anouska. Su cocina personal y llena de tarros, utensilios japoneses y chinos, teteras de plata, ensaladeras, frutas exóticas y muchas flores frescas.

Uno de los dormitorios del hotel Blakes. Excepcionalmente, todo de blanco, aunque a Anouska Hempel le gusten sobre todo los colores oscuros: negro, azul violeta y amarillo acre. Adoro su gran pasión por los lazos de todos los tamaños y colores, que coloca en los cestos, sobre las lámparas, los jarrones, las mesillas, las bandejas, los jarros, las flores, los sombreros y las cortinas.

Una romántica bandeja preparada para el desayuno adornada con un capullo de rosa dentro de una cajita de cristal.

Cuando no se puede más

Me encanta todo lo que hace Anouska. Puede que penséis que exagero, pero ella consigue llevar a cabo las cosas más increíbles. Su perfección se debe también a su equipo: carpinteros, jardineros, los escenógrafos del Teatro Covent Garden, asistentes y secretarias. Todos la siguen y ponen en práctica sus ideas y su modo de concebir la vida.

El desayuno está preparado en su taller, entre sus refinados vestidos y sus sombreros. Los colores elegidos han sido las distintas tonalidades de azul. Hay biombos con espejos, antiguas porcelanas chinas, flores azul viola y sus famosas y largas pértigas adornadas con borlas, que coloca en todas partes, con un efecto muy elegante.

Triunfan las flores amarillas en la mesa de desayuno que Anouska Hempel ha preparado en el parque de su casa de Londres, un buen ejemplo de su afán de perfeccionismo y el cuidado que pone en todos los pequeños detalles. Hasta los dulces tienen rayas blancas y amarillas a juego con las servilletas, los cojines y los manteles.

E incluso la comida, las tinajas y cubiertos antiguos y la fruta son rigurosamente amarillos.

Con ella todo son sorpresas. He visto casas y casas por todo el mundo, pero las suyas son realmente únicas, raros ejemplos de perfección, buen gusto y gran talento: todo lo que ella toca se transforma en algo único.

Flores de ayer, flores de hoy

Llegamos a una vieja casa victoriana de ladrillo de finales
del siglo XVIII, al suroeste de Londres, en Sussex.
Por el momento nada me impresiona, y eso me extraña,
porque el dueño ha tardado dos años en encontrar un
lugar donde asentarse. Todo cambia cuando paso al
interior. Es como la Muestra de Flores de Chelsea,
pero todavía más bonito, con más imaginación y más
irresistible. Una casa de cuatro pisos llena de flores. Un
escaparate privado para sus composiciones de flores,
hortalizas, ramos de hierbas secas, gardenias, peonías,
moras, castañas, limones, canela, narcisos, azaleas,
bellotas, flores silvestres, alcachofas... Tantas ideas como
variedad de rosas tiene en su jardín.
Desde el cuarto de estar-invernadero se llega al "jardín de
los placeres", como lo llama Kenneth Turner, un jardín
dividido en cinco zonas de ensueño: el jardín de los
jarrones de azul y blanco con una cascada de flores
azules, el jardín de los espuelas de caballero, peonías,
digitales y heléboros, el jardín de las camelias de alabastro,
el de las mil rosas y, finalmente, el huerto.

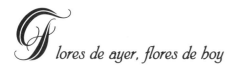

Flores de ayer, flores de boy

El cuarto de estar-
salón de la casa
victoriana de
Kenneth Turner:
consolas y mesas
llenas de objetos,
velas, estatuas,
jarrones y cestos
rebosantes de flores
de su jardín.
Kenneth es
irlandés, y famoso
por sus ramos de
flores fascinantes,
originales y
excéntricos.
Le encanta su
perro Bumble y
come, trabaja, habla
y pasea con él.

$\mathcal{F}$lores de ayer, flores de hoy

Algunos rincones de su jardín lleno de estatuas. Sillas y banquetas por todas partes, donde difícilmente se puede uno sentar, porque están cubiertas de hojas y ramas. El comedor en el cuarto de estar-invernadero: Kenneth ha añadido esta parte a la casa para integrarla mejor en el jardín exterior, que originariamente era un terreno no cultivado y completamente abandonado.

La mesa tiene un mantel con hojas y un centro de mesa formado por capullos de rosa de todas las tonalidades de rosa, bayas verdes, ramos amarillos, melocotones y fresas. Y a su alrededor, arbolillos de cerezas y velas. He visto a Kenneth preparar la mesa con una rapidez y una fantasía increíble. También pétalos de flores alrededor de los platos de Herend.

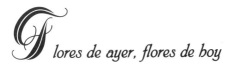

Un centro de mesa
que podríais copiar
para una de vuestras
cenas. Una consola
de piedra vieja para el
invernadero–cuarto de
estar. Kenneth ha
colocado encima un
cesto con varios ramos
de flores, grandes
hojas, hiedra y dos
candelabros
victorianos de bronce
con doce brazos.

En la página anterior.
La cocina es
grandísima, con una
parte que sirve de
salón. Aquí abundan
las flores: bordadas
sobre los cojines, en
grandes ramos sobre
la mesa y en las
paredes como
composiciones de
flores secas.
Estoy de acuerdo con
él: nunca hay
demasiadas flores.
También tenemos una
mesa grande, con una
mezcla de lavanda,
rosas y todo tipo de
olores de huerto.

Todo el jardín de Kenneth está tan repleto de flores que cuesta trabajo caminar por él. Un seto de rosas bordea el busto de la amante del emperador romano Adriano. Cuando no toma té ni prepara sus originales adornos, o no está dando la vuelta al mundo a petición de alguna princesa o millonario, Turner pasa muchas horas en el jardín controlando, regando e inventando alguna flor nueva, siempre en compañía de su adorado perro.

ℰl canastillo de la buena suerte

Cuando por primera vez fui a su casa en Florencia, en un palacio del siglo XVI, lo vi y le pregunté por el arquitecto Bonan. "Soy yo", me respondió. ¿Quién se habría imaginado que aquel muchacho de poco más de treinta años, con aspecto veinte, fuese el arquitecto Michele Bonan? Ha decorado casas, hoteles, barcos, tiendas, en Egipto, Islandia, Nueva York, París, Florencia, Montecarlo, Cannes...

Es un perfeccionista y tiene una vivacidad creativa que asombra. ¿Su estilo? "No existe un estilo", dice. "En una casa es mejor que no se deje entrever la mano del arquitecto. La dueña de la casa será la única que deje su huella, como si ella misma la hubiese decorado sin ayuda". Michele tiene un entusiasmo que contagia, una vivacidad que fascina, una creatividad siempre en evolución, una sensibilidad que condiciona su estilo de vida. Se lo pregunto frecuentemente: "¿Hasta dónde quieres llegar?" Y él me responde que todavía está empezando. Su debilidad es un canastillo de rosas que siempre lleva consigo a todas partes.

El canastillo de la buena suerte

El cuarto de estar-salón neoclásico y la mesa son espléndidos. Para el centro de mesa, Michele ha recreado un jardín al estilo italiano inspirándose en el maestro de la arquitectura de jardines, Russel Page. Los arriates son de mirto y las columnas antiguas de mármol así como los pequeños leones y el jarrón con las rosas. Los platos, los cubiertos y los candelabros pertenecen a los siglos XVIII y XIX. El mantel es de cuadros, y los sillones de mimbre restan dramatismo a tanta riqueza.

El comedor está
preparado para el
desayuno. Michele
Bonan te hospeda con
refinamiento y una
suntuosidad
"afectuosa". Os
aseguro que levantarse
por la mañana ante
una mesa preparada
con platos y objetos
preciosos, teteras
antiguas, flores blancas
y muchos dulces, es
de lo más placentero.
Un fresco cubre
todo el techo.

*En la página anterior.
El estudio de Michele
es extremadamente
acogedor: el techo
pintado con nubes, una
puerta que da a una
misteriosa escalera, una
pequeña silla de paja
del siglo XIX y rosas
blancas sobre la mesa.*

En medio de la entrada,
una gran mesa del siglo
XIX con libros,
revistas, plantas y
estatuas. Los espejos
sobre las puertas hacen
aún más grande la
habitación.
Las sillas, cubiertas
con tejidos de cuadros
verdes, están situadas
alrededor de la mesa, y
hay grabados del siglo
XIX en las paredes.
La enorme casa tiene
tres pisos, decorados
como sólo Michele
sabe hacerlo.

*D*esesperadamente ingleses,
agradablemente franceses,
naturalmente gustavianos

Victorianos, franceses o gustavianos, muebles de hoy o de ayer, pero siempre con un toque refinado, fascinante y nunca excesivo. Muchas molduras, bonitas y discretas, tejidos viejos con flores de colores desteñidos, muebles un poco ajados, cuadros trompe-l'oeil, innumerables cojines de colores pastel y manteles con juegos de diversos tejidos.

Y, además, colecciones de jarros descubiertos en los mercadillos ingleses más desconocidos, platos franceses con rosas abiertas, vasos, sofisticados divanes, románticas lámparas, sencillos objetos de plata, mesas de viejo bambú, quilt lisos, cubrecamas estampados y encajes.

Enrica y Elisabetta Stabile, artífices de este ambiente, son amables, pero algo frías, verdaderas profesionales, de gusto decidido y sin excesos. En su reino, "Utilidad y deleite", no les gusta ni charlar con los clientes ni los halagos. Esto es precisamente lo fascinante de su discreción.

Sin duda, sus muebles son los que más gustan y los que se copian. Sus casas son preciosas, refinadas y discretas.

esesperadamente ingleses, agradablemente franceses, naturalmente gustavianos

Desayuno al estilo de Enrica y Elisabetta: tazas de flores abiertas, un gran aparador lleno de objetos, un sofá–cama con sus famosos cojines, un viejo escurreplatos, platos ingleses y uno de los manteles que ha realizado Enrica.

*Uno de los trompe-
l'oeil inventados por
las hermanas Stabile:
un encantador biombo,
alegre y divertido, y
sobre el sillón un
sombrero de la
colección de Enrica.
Y, además, manteles
con rosas, divanes y
floreros.*

En la página anterior.
El comedor de
Elisabetta: un
entablado móvil con
una espléndida
colección de jarras y
platos color turquesa
en todas sus
tonalidades. Sobre la
mesa, un viejo quilt.
Platos de diversas
formas y colores y
jarras con capullos de
rosa en el centro.
En el dormitorio han
colocado una preciosa
cama francesa del
siglo XIX y, en la
pared, cuadros y más
cuadros.

$\mathcal{L}$ ánguida como la dama sobre el canapé

Nacida de una apuesta: una casa decorada en pocos días
y utilizando sólo los muebles, objetos y vajillas Coin. Y un
hermoso tema: las hortensias. El punto de partida fue una
casa de Venecia con un mirador, dormitorios, salón y
comedor dispuestos en dos pisos.

El resultado no es definitivo, pero lo que se podía hacer en
menos de una semana, incluyendo el tiempo necesario para
coser –cortinas, manteles, cojines–, cortar, pegar, pulir,
colgar, montar, elegir, probar, preparar y, finalmente,
fotografiar. Y Giovanna Piemonti, fotógrafa, mi
compañera asidua en estas aventuras, paciente y
resignada, sabe ya de estas cosas. Ya han pasado
algunos meses desde que decoramos la casa y ahora está
habitada. Los dueños han hecho algunos cambios y,
sobre todo, la han personalizado, pero todavía conserva la
misma atmósfera, romántica y lánguida, que tan bien le
sienta a Venecia.

*L*ánguida como la dama sobre el canapé

*Todas las paredes de
la casa son de un fino
enyesado veneciano
de color rosa
envejecido, los divanes
en chintz del mismo
color y muchos cojines
de rosas y encajes.
La enorme mesa
está cubierta con un
mantel gris claro
con aplicaciones de
pasamanería y
hortensias, que son
el tema dominante
de toda la casa.
Salvamanteles de
paja rosa, platos
con rosas, pequeños
candelabros en vidrio
rosa y un tapiz
del siglo XIX
en la pared.*

Una parte del cuarto de estar: una chimenea con espejos, jarras victorianas, una vieja banqueta en kilim y, sobre la mesa, un viejísimo encaje de flecos. Las cortinas, quizá el elemento más divertido de la casa, son de chintz con grandes flecos, cada uno distinto, sencillísimos pero de gran efecto. Muchas hortensias por todas partes, porque son el "gran tema" de la casa.

$\mathcal{L}$ ánguida como la dama sobre el canapé

Si lo permite la lluvia o el viento, comer en los tejados de Venecia es una maravilla, sobre todo en un mirador lleno de hortensias, frente al campanario de la iglesia de los Frari. Insólito, íntimo, discreto, como Venecia en su mejor época. La mesa cuadrada, las servilletas y la cortina blanca unida con madejetas de hilos de colores. Muchos cojines alrededor y dos viejas sombrillas sobre la mesa para defenderse del calor. Por todas partes, floreros y cestas con flores colgando. Y objetos, tejidos, cojines, manteles, platos, vasos y muebles de Coin.

La enorme sandía

Tiene veinte años, una mirada dulcísima y un pelo estupendo: Isabella Neri estudia idiomas, es un poco rebelde y le da igual el hecho de que su madre sea tan importante. Un día, de casualidad, he visto su nueva casa, que ha elegido y decorado, y que cuida ella misma.

Lo que más me ha impresionado ha sido la enorme colección de platos, vasos, tazas y jarras que tiene, y que encuentra hasta en los más pequeños mercadillos.

No nos quería invitar a comer ni tampoco quería fotógrafos en casa: la idea de "terminar" en un libro no la halagaba lo más mínimo. Pero, al final, nerviosa y sonriente, ha cedido. Era una mañana de julio y hacía un calor sofocante. Hemos pensado enseguida en una sandía fresca, la hemos hecho una foto y casi la hemos despedazado. El bonito jardín, las hortensias, las sillas de hierro viejo, los refrescos rojos, verdes y amarillos y, encima de nosotros, una pieza de tela blanca, larga y fresca.

La mesa de cuadros rosa, los platos transparentes sobre los bajoplatos de espejo, los vasos y las jarras de un rosa muy particular.

Los merengues son también de color rosa, como las velas y las flores. Dos fuentes de vidrio inglés, una espléndida bandeja

para el desayuno, una tetera amarilla y oro y tazas de color rosa y oro.

Un jardín entre las nubes

Un romántico jardín inglés, un parque-jardín que parece diseñado por Russel Page, con algo del Kenneth Turner más creativo.

Melocotoneros, albaricoques y caquis, prados verdes, zarzales de campánulas, hortensias, rododendros, rosas, azaleas, lavanda, fuentes con estanques y un huerto repleto de hortalizas. Y después, una misteriosa escalera de caracol llena de flores que lleva a otro jardín, con zarzales de boj, árboles y flores. Y, en medio de tanto verde, un templete victoriano en vidrio: el rincón preferido por la dueña de la casa. Nada extraña de este enorme jardín si no fuera porque está en un séptimo piso en pleno centro de Milán.

Marilea y Guido Somarè viven en este pequeño paraíso, donde olvidan por completo que a pocos metros el tráfico es insoportable. También la casa, en el piso de abajo, está rodeada de terrazas-jardín, repletas de flores para poder aislarse de la vida exterior. Son artistas, naturalmente: él es un famoso pintor, y ella una periodista milanesa que escribe libros ilustrados y que lo ha contado todo de su ciudad natal.

Otro rincón de este fabuloso jardín entre las nubes, a la luz de velas de muchos colores. Alrededor de la mesa y sillas, multitud de hortensias rosas. En el estupendo templete, una bolsa realizada en punto de cruz cuelga del perchero, junto a unos anteojos y a una original regadera.

Una parte del salón,
desde el que se entrevé
también un pequeño
estudio lleno de luz.
Una casa pensada y
nacida alrededor de
muchos objetos, libros,
cuadros, muebles, todos
dispuestos por una
casualidad que no tiene
nada de casual.
La cocina es de color
celeste, al estilo del
siglo XIX.

Un jardín entre las nubes

Colores sofisticados
para el mantel de la
mesa, lista para la
comida: refinada y
sin excesos. Viejos
vasos, jarras y
candelabros
dorados de la
abuela de Marilea,
platos del siglo
XIX, cubiertos
de plata y un
servicio de platos
ingleses colgados
de la pared.

La merienda se hace en el jardín, en el último piso de la casa, como si se tratara realmente de un jardín entre las nubes, con Enomao el perro que, soñoliento, descansa bajo la alegre mesa llena de garrafas, jarras, vasos y bandejas antiguas. Todos estos objetos pertenecen a la historia de la familia.

ℳolduras y más molduras

Tiene la casa tapizada de tarjetas con una única frase
que se repite siempre: "Inés, te quiero", escritas sobre
todo por niños. Es la casa de Inés de la Frassange,
tan dulce que consigue que todos la quieran.

La conocí en París hace unos años, cuando era la
modelo símbolo de la casa Chanel. Ninguna mujer
podría representarla mejor. Tan guapa y alta, con un
glamour que sólo ha tenido Diana Vreeland, la
sacerdotisa de la moda. Karl Lagerfeld siempre lo ha
dicho: "No se puede ser más elegante que Inés". La
he visto otras veces, con su sonrisa dulce, encantadora
y amable. Sus tiendas de París y de Milán son el
más claro reflejo de su estilo. Cuando se entra en su
casa uno se da cuenta de que las cosas no tienen que
ser necesariamente caras para ser hermosas.

La casa es de un perfecto estilo gustaviano, muy
personal, inspirada en la tradición nórdica del siglo
XVI. Un detalle encantador: al lado de la
campanilla de la puerta de la entrada aparece escrito:
"Luigi e Inés viven aquí".

$\mathcal{M}$olduras y más molduras

En la página anterior. El comedor está pintado de un color verde pálido envejecido, con un retoque de color oro. Cortinas de cuadros de Prelle, la mesa con el mantel de organza bordada, los platos decorados de azul y amarillo y un desgarrón que ha hecho Jim, el perro de Inés.

A Inés le encanta colocar sobre la mesa saleros de cristal y oro, cazoletas de plata, plumas de cristal y un corazón con una flecha.

Para dar mayor sentido de espacio, se ha creado una gran ventana que separa el comedor del dormitorio. Bajo la ventana, una fila de sillas a cuadros. Y rosas de todos los colores, en pequeños cestos colocados por todas partes. Una casa encantadora, con un panorama idílico sobre los tejados de París, metros de tejido de cuadros que lo revisten todo, un aparador con los brazaletes y los collares de Inés, las fotos de sus amigos más queridos, la colección de cristales y ella, hospitalaria, tan dulce y hermosa.

El pequeño salón-
biblioteca tiene la
atmósfera de un jardín
de invierno, donde se
mezclan cuadros y
flores, encerrados en un
entablado con listones
de madera decorados en
azul envejecido.
El diván y el sillón son
de la tienda inglesa de
Conran. Sobre la mesa,
todo tipo de pequeños
objetos de plata y viejas
fotografías.

En el dormitorio de
Inés dominan los
cuadros azules, pero
no llegan a cansar.
Los armarios están
empotrados en el
muro. Para las
cortinas se ha elegido
el tejido de David
Hicks y los sillones
de Luis XVI
están revestidos con
un tejido de cuadros
de Guild, de
Londres. ¿Qué se
puede decir,
finalmente, de la
fantástica cama de
Jim, bajo la ventana
del salón?

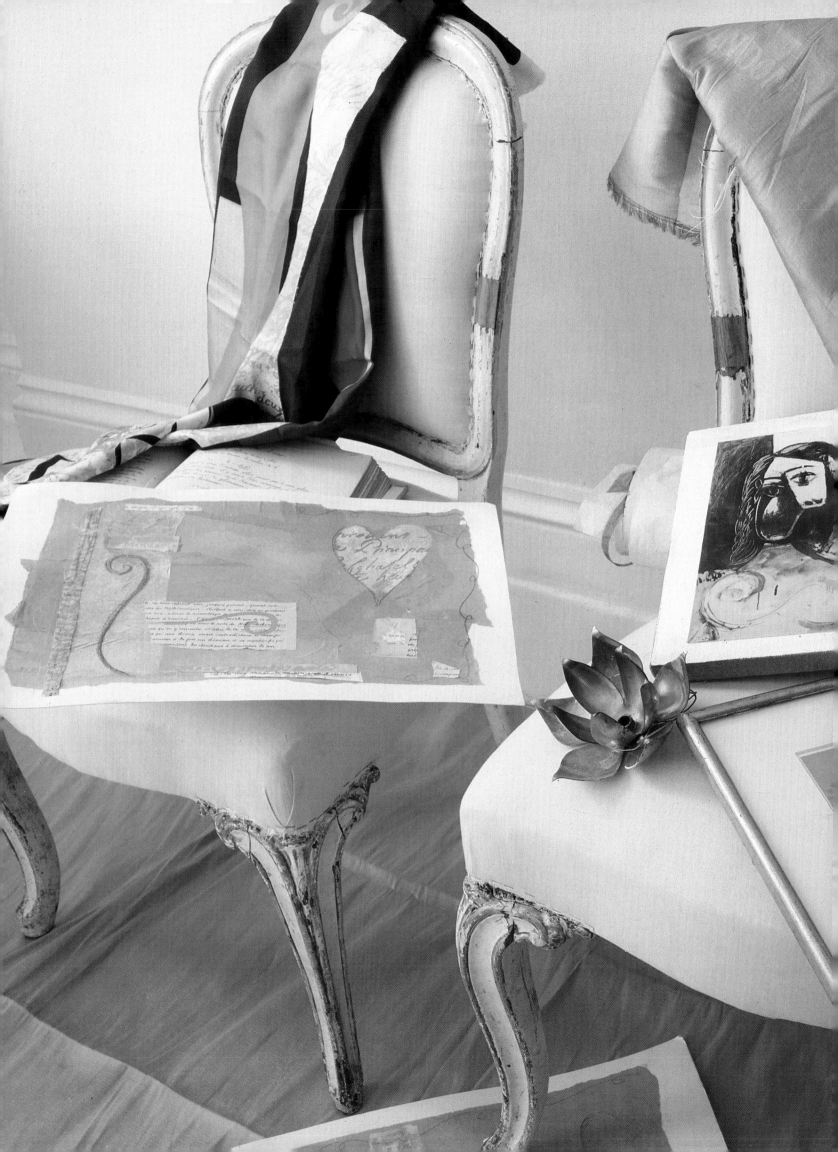

$\mathcal{U}$n rosa muy llamativo

Mientras todos se esfuerzan en llenar y llenar las casas,
ella, Carolyn Quatermaine, ha tenido la mágica idea de
vaciar completamente sus dos habitaciones , cocina
y baño y hacerlas famosas en todo el mundo,
amueblándolas sencillamente con fabulosas y llamativas
cortinas de color rosa y sillas Luis XV 1.
Carolyn tiene un talento increíble: ella misma ha creado
las telas, pintándolas en oro con notas de Mozart.
Son suyos los objetos de arte en papel-maché, los cuadros
y los platos. También ha escrito los versos de Apollinaire
sobre los sillones rosas, blancos, azules y de color oro, y
ha diseñado corazones, pájaros, cortinas, lámparas, cajas,
maniquíes y sedas impalpables, coloreadas y mágicas.
"No importa si bien o mal, lo importante es que se
hable siempre de mí", le gusta repetir a Carolyn.
Y ésto ocurre muy frecuentemente porque es genial,
imaginativa, tenaz y testaruda.

La pequeña terraza de la casa de Carolyn en Londres da a un parque con árboles centenarios y prados verdes. Sillas alineadas con frutas, cuadros y papeles. En las páginas siguientes. Todavía más sillas en fila, con cajas, sombreros, tejidos pintados y flores. El baño de la casa-estudio de Carolyn: sillón atigrado a juego con la toalla, perfumes, un busto de bronce y otro de piedra. Carolyn trabaja también en el mundo de la moda, y ha colaborado con Dolce e Gabbana, Donna Karan y Versace. Pero lo que quiere conseguir ahora es un "aspecto total" para la casa.

$\mathcal{U}$n rosa muy llamativo

El salón-dormitorio-
estudio de Carolyn:
cortinas de seda rosa
y sillas Luis XVI
con los asientos a
rayas rosas, blancas y
azules. La mesa es
moderna, de metal y
cristal, y encima
aparece una botella
pintada por Carolyn,
una especie de mantel
de seda rosa, limones,
diseños, un collage de
Carolyn y platos de
Maryse Boxer de la
colección Bijou.

El espejo de la verdad

Me paraba continuamente delante de su tienda, estaba indecisa: no sabía si todos aquellos objetos extraños para la casa me gustaban o no.

¡En realidad me fascinaban! Un día, sin pensarlo, le he pedido que me preparase una mesa bonita y especial. Ha aceptado con entusiasmo, y me ha dicho que pondría todo de su parte para cubrir mis expectativas. He vuelto frecuentemente a la tienda a ver la mesa que había elegido: quería estar segura de mi elección.

Teresa Ginore, de unos treinta años, toscana y aristócrata, comenzó a trabajar a los veinte como ayudante de fotógrafa y después como redactora de moda en Milán y Nueva York. Tiene un carácter fuerte y decidido, le encanta su trabajo, todo lo que ha creado y la relación con los jóvenes artistas que crean para ella objetos insólitos. Y, además, le fascina frecuentar los mercadillos, donde encuentra tesoros que la emocionan. Su casa ideal debe tener mucha personalidad y ser un lugar "caliente", donde en los muebles y en los objetos se sienta el corazón de quien los habita.

En la página anterior.
El dormitorio con la
pequeña mesa del siglo
XIX en terciopelo
marrón, la bandeja de
Massimo Prestini, la
pequeña taza clásica
de Ginori y el precioso
marco de fotografías
que encontró en el
rastro.
Teresa tuvo la gran
idea de pintar las
habitaciones de
colores diferentes: el
rojo, el verde, el
amarillo, el azul claro
y el azul oscuro se
siguen y reencuentran
como en un juego.
En la habitación azul
claro, el retrato de la
madre de Teresa
cuando era una niña,
realizado por el pintor
Bueno, el busto de
hierro de Claudia y
Nicola Frigniani y
una concha como
recuerdo de un viaje a
las Bahamas.
En el salón amarillo,
una consola del siglo
XIX y jarrones de
alabastro egipcio con
hojas de palmera.

Otra consola del siglo
XVIII italiano y
jarrones de pelo de
camello del desierto
del Tar Rajastan.
Debajo, jarrones de
madera del Nepal.
La entrada de la
casa es de un azul
intenso, sillas de
hierro del artista inglés
Tom Dixon y, en la
pared, un retrato de
un Marajá de
principios del siglo
XX. Curioso y
divertido es el maniquí
inglés del siglo XIX.
El extraño espejo que
aparece en la página
105 es un regalo de
Fabio Tita a Teresa.
Detrás aparece
grabada esta frase:
"Este es el espejo de
la realidad que refleja
todo lo que uno es".

El comedor, particular y extraño, se caracteriza por una mesa grande, insólita y divertida, realizada con viejos sillones reunidos y una lengua de hierro forjado de Massimo Prestini. Las sillas son trozos de verjas de iglesias del artista español Damián Sánchez.

Platos Ravage, cubiertos en acero de Michael Aram y vasos, cada uno distinto del otro, sacados del almacén de un chamarilero. La única coquetería de Teresa son los lazos rosas de Carolyn Quartemaine sobre las servilletas.
He vuelto loca a

Teresa, he puesto patas arriba su preciosa tienda, he puesto a todos a trabajar, pero quería que quedase claro que es muy buena, que tiene una gran imaginación y entusiasmo, que es moderna y que tiene un gran futuro por delante.

$\mathcal{L}$a casa de la "bruja"

Siempre a la búsqueda de extrañezas, he oído hablar
de ella en Venecia, de una "bruja" con encanto
de bruja y casa de bruja.

No se trata de una casa, sino de un lugar encantado
y sorprendente. Encajes uno encima del otro, recuerdos
de cosas de abuelas y abuelos, encuentros, amores,
huídas, despedidas, madres, fiestas, hijos y lugares.
Hortensias viejas y frescas, rosas de muchos colores,
lazos, papeles, corazones, objetos y muchos recuerdos...
todo muy surrealista.

Y, además, muñecas, pequeños cochecitos para niños,
cestos, muchísimos y preciosos cojines, muy viejos,
encajes extraños. La "bruja", la dueña de la casa,
es Emmí Puppa, hoy una querida amiga, fascinante,
guapa y periodista.

Su casa ya no existe hoy, ha desaparecido como sólo las
brujas saben hacerlo, misteriosamente...

$\mathcal{L}$a casa de la "bruja"

La puerta de la casa da directamente sobre el canal, dos cortinas austríacas de color azul y oro protegen una vieja y tierna dormeuse, un lugar ideal para tranquilizarse. Muchos cojines sobre el diván circular de Noti Massari, y en las paredes Duodo y Milesi se disputan la imagen de la guapísima abuela de Emmi.

Los numerosos objetos hablan en el misterioso lenguaje de la memoria: Venecia es una ciudad con sus raíces en un agua que pasa cadenciosa como el tiempo. Y esta misma atmósfera se traspasa a la casa.

Por los amplios ventanales entra una luz calibrada por los reflejos del río Malcanton. Hoy no sé bien si la "bruja" está dentro de este salón o si el salón está dentro de la "bruja".

ℒ a casa de la "bruja"

Una casa vivida en cada rincón hasta el anhelo: una casa para mirar, tocar, escuchar y oler. Las cortinas de la puerta que da al jardín parece que provocan al viento. La pequeña mesa de trabajo del siglo XVIII véneto es simplemente deliciosa. El servicio de té en porcelana japonesa de principios del XIX, la azucarera con forma de casco y los platos rojos de Murano de comienzos del XX. Es imposible describir completamente el encanto de estos grandísimos ventanales que se abren sobre el agua, llenos de flores, cestos, recuerdos y ambientes.

En las paredes del
comedor, terciopelo
rojo, rosas de seda
esparcidas por todas
partes y una chimenea
del siglo XVII,
encendida todo el año
y forrada de
baldosines, todos
diferentes,
coleccionados por el
abuelo de Emmí.
La mesa es muy rica:
estatuillas de Dresde
del XVIII, cristales
de Praga, plata del
XIX, mantel de
romántico filet y
servilletas de cándido
lino.
Todo para que la
repetición del mismo
gesto pueda
transformarse en rito.
En la pared, un libro
de escudos de armas.
Boiseries de color
nuez.

$\mathscr{L}$a casa de la "bruja"

El dormitorio es como
un cofre de terciopelo
rojo, con la luz que
pasa por el amplio
rosetón de la cortina
que se refleja en la
cabecera de la cama,
un antiguo espejo de
chimenea del siglo
XVIII veneciano.
Sobre la cama,
encajes antiguos.

Un espejo de cuerpo
entero barroco del
siglo XVII véneto.
¡Mágico!
En su espejo se ve
todo aquello que se
quiere ver. Una
escalera gótica.
En la siguiente página.
La romántica,
fantástica y, además,
mágica terraza-jardín
de la "bruja": las
flores son las
protagonistas.

Aquí manda Jasper

¿A quién puede no gustarle Pupi Solari? Encantadora y
llena de energía e ideas, en un minuto te habla de mil
cosas. Hace falta tener un ordenador en la cabeza para
poder seguirla. Así, desde por la mañana hasta por la
noche, viste a los niños, señoras, hombres, chicas; ordena;
organiza, saluda a los clientes, y el teléfono suena
continuamente tanto en su casa como en la oficina.
Pero no termina ahí su día: hay que organizar las
flores, el té con las amigas, el vuelo a París; hay
que terminar el vestido de novia, darle las galletas
al niño, seguir una dieta, consolar a una amiga... Y las
cenas, las citas, las reuniones.
Bien, le dices, ¿cómo lo haces? Pero ella continúa: está
amueblando su nueva casa en el campo. ¡Impresionante!

$\mathcal{A}$ quí manda Jasper

La mesa para el
desayuno está servida
en el jardín, con
muchas flores en el
centro, platos de
bordes rosa, vasos y
servilletas con motivos
de jarras viejas y
violetas victorianas.
En el fondo, el mar de
Portofino.

Nada más llegar a la
casa de Pupi Solari
en Portofino, en
seguida te viene al
encuentro el perro
Jasper, el verdadero
dueño de la casa.
Después de los
primeros cumplidos
con el perro, uno se
queda fascinado ante
tantos senderos y
alamedas, arriates de
rosas, geranios,
hortensias de todos los
colores, olivos y
árboles frutales.

La mesa para la comida o la cena es blanca, el mantel bordado con deshilado siciliano, los bajoplatos verde agua y las hortensias blancas para el centro de mesa.

Sobre las consolas, jarrones ingleses de la época victoriana llenos de flores, y jarras de color verde pálido.

La cocina, que da al jardín de geranios y hortensias, es muy particular, organizada a la perfección por la dueña de la casa.

Los tres pisos de la casa han sido restructurados por el arquitecto Giorgo Host Ivessich.

Y Pupi es, como siempre, encantadora, elegante, divertida, accesible, generosa, buena ama de su casa y con un gran sentido del humor.

Aquí manda Jasper

Nunca se tiene ganas de dejar la casa de Pupi en Portofino: la agradable sensación de sentirse realmente bien en su compañía, las horas al sol, ella que te cuenta de todo y Rino que continuamente da vueltas alrededor tuyo, con un té, un helado o con un tentempié. Una casa bonita y un jardín realmente encantador. En una parte del cuarto de estar, dos grandes aparadores ingleses, una colección de modelos de barcos, divanes blancos, una escalera que lleva a los dormitorios y muchas flores. En el comedor hay una hornacina con cajas y tazones de color azul claro y rosas abiertas.

El comedor de la nueva gran casa de Pupi Solari en Milán: un tejido con rosetones de Le Manach en las paredes, una mesita sueca del siglo XIX preparada al estilo inglés, sillas del XIX recubiertas con tejidos de cuadros rojos y porcelanas chinas.
Todo es muy elegante, y la atmósfera, con las velas encendidas, es tan magnífica que te hace olvidar el estrés de cada día.

*L*a bola mágica

Fue mi maestra, la maestra de todos. Ha inventado, realizado y llevado al éxito The World of Interiors *("El mundo de los interiores"), la revista mensual de decoración más importante del mundo. No hay directora, redactora o lectora que no saque cosas de su revista.*

Es fría, pero con un distinguido sentido del humor, intransigente y durísima, pero no hay nadie que no quiera trabajar para ella, ni fotógrafo que no quiera hacer fotografías para ella. Hay que reconocerle un gran talento. Sigue personalmente casi todos los reportajes de su revista y elige las casas sin ninguna restricción. La decoración es la pasión de Minn Hogg.

Sus casas son obras maestras incompletas: "Trabajando para Interiors *me siento cada vez más incapaz de terminar cualquier casa, porque veo tantas grandes ideas que no sé por dónde empezar". Después, cuando estás en su casa, le preguntas: "Pero ¿se puede?". Y ella te explica que todo es posible en decoración, estilo con estilo, los brocados más bonitos con los algodones más pobres y oro donde no se pensaría jamás. En su casa de Londres triunfa la improvisación, las telas sobre los divanes, superpuestas, no cosidas, el fuego en las chimeneas. La mesa, una armonía de cosas diversas, fascinantes, viejas y de todos los colores.*

En la página anterior.
En el dormitorio, las
cortinas y la manta
son de una antigua
toile de Jouy, un rosa
raro que ni siquiera
yo, buscadora
apasionada, lo había
visto tan bonito. El
sofá de estilo
gustaviano a cuadros
rosa con cojines azul
y rosa. Las "bolas"
de plata encima de la
cama son mágicas
para Minn, son sus
objetos de la buena
suerte.
Y después, el
desayuno, el sillón a
cuadros y también ella
que, sentada,
observa...

La bola mágica

En la página anterior.
El cuarto de estar-
comedor es un
conjunto de estilos,
tejidos y objetos en
extraordinaria
armonía.

La mesa, que parece
sacada de una página
de *Interiors*, es
especial, con platos
azules, lamparillas,
viejos cubiertos, un
plato de moras y
frambuesas y las
peonías rosas que
tanto le gustan a
Minn. "Todos
esperan que viva en
un palacio y no en
una *nursery floor*. De
hecho, su casa es un
pequeño piso en
Knighbridge, en
Londres, con las
ventanas que dan al
jardín del *Brompton
Oratory*.

Una imaginativa
cortina de baño y la
colección de conchas
de Minn.

La cocina es
pequeña y deliciosa,
otra obra maestra de
Minn. Una buena
idea: un aparador
forrado con algodón
de cuadros de *Peter
Jones* con utensilios,
jarras y flores que
cuelgan de la red.

Un té en casa de la bisabuela Elisa

Una fachada blanca y cándida en el corazón de South Kensington y, al entrar, un sentimiento de auténtica tradición inglesa, un cálido entablado de pino en el salón y el té y los dulces listos para servirse delante de la vieja chimenea de estilo del siglo XIX.

El retrato de la bisabuela Eliza está enmarcado con lavandas y camelias; objetos y muebles auténticamente ingleses del siglo XIX, flores por todas partes, frescas, como si las acabaran de coger en el jardín, campanillas blancas en viejas botellas de cristal. Pero no es una casa, sino uno de los hoteles más acogedores, pequeños y especiales de Londres: el Phelam Hotel.

Los propietarios, Kit y Tim Kemp, son personas afectuosas, accesibles y amables. Kit, además de ser la madre de cuatro hijos rubios, traviesos y juguetones, es la artífice de este encantador hotel.

*Para los dormitorios,
Kit Kemp ha elegido
los tejidos ingleses más
hermosos, una mezcla
de flores y cuadros, de
tal manera que las
treinta habitaciones
son completamente
distintas.
En el estudio, el
rincón más victoriano
de la "casa", está
presidido por el cuadro
de la bisabuela.*

El salón de uno de los dormitorios: el amarillo solar de las cortinas, los chintz sobre las mesas, muchos libros antiguos que Kit colecciona a centenares, el techo rococó, el viejo reloj sobre la chimenea, las flores y los jarrones dispersos por todas partes, dan un ambiente cálido y propicio para una charla íntima.

De tusquets a folies

Una chaqueta rojo-morada, una falda negra, zapatos de un rosa llamativo y medias de red negras. A Adelaide Acerbi Astori, en sintonía con su carácter sin término medio, le gustan los colores puros, fuertes y decididos. Quizá, como dice ella sonriendo, para combatir el gris de Milán. Es una pena que no se interese por la moda, sería francamente buena.

Es una magnífica grafista en Milán, y le encanta su trabajo, que domina en todo momento.

Los fotógrafos que colaboran con Adelaide la quieren y la odian, pero finalmente sucumben ante su encanto de niña eterna y terrible. Adelaida Acerbi viaja por todo el mundo para acudir a ferias, manifestaciones, representaciones líricas y conciertos.

De tusquets a folies

Rigurosa y refinada, la mesa de la comida está ambientada en el agradable mirador sobre los tejados de San Simpliciano en Milán. El mantel blanco ha sido diseñado por Gacino Falchi y los platos blancos con reflejos rosa son de Óscar Tusquets, al igual que los cubiertos y los vasos. Alrededor, varias mesitas supletorias de mármol de Antonia Astori sostienen los fruteros. Las sillas son de Philippe Starck.

Vivir en el corazón
de Brera y rodeado
de verde es un
privilegio del que muy
pocos pueden
disfrutar.
En un rincón del salón
que da al mirador está
preparada la mesa del
desayuno. El mantel
es de Gavino Falchi,
y sobre la mesa se
despliega toda la
colección Folies
Driade.
Junto a uno de los
grandes ventanales,
campanillas y rosas
blancas. Antonia
Astori ha sido la
diseñadora de esta
casa. Para su
decoración ha
utilizado
exclusivamente
mobiliario Driade.

$\mathscr{D}$e cena dentro de tres días

Tranquila y segura de sí misma, Merete Stenboch nos había dicho: "Venid a verme y veréis qué casa tan bonita tengo". Una invitación irresistible para mí, tratándose de casas. Pero cuando llegamos a su casa en Umbría, en un lugar perdido, alejado, salvaje y encantador, nos encontramos que todo –muebles, sillas, sillones, mesas, jarrones, camas, platos, vasos, columnas, cuadros– estaba amontonado en una habitación.

Y ella, seráfica y sonriente, nos repetía continuamente: "pero ¿qué más se necesita?" Un vacío total por todas partes, incluso en el piso de arriba. ¡Qué cansancio! Tres días sin parar de colocar cosas aunque, al final, haya sido divertido. ¿El resultado? Un desayuno en el jardín de invierno. Sobre las columnas, dos ramos de retama recién cogida, las sillas y la mesa pintadas de azul y diseñadas por Merete, tazas inglesas, una vieja caja para las galletas y la tetera de oro.

El gato de Merete ha
conseguido robarme el
corazón: ¡le he hecho
miles de fotos!
La primera
habitación que hemos
decorado ha sido la
cocina, para
asegurarnos, al menos,
algo de comer. El
aparador, las tres
grandes tiras bordadas
para el mantel, las
tazas inglesas, la vieja
mantequillera
victoriana, tinajas y
cazuelas.

En la entrada de la casa, un pequeño banco de hierro forjado con un cojín pespunteado como un colchón, la vieja consola, un precioso busto de mujer en barro, las hortensias, las espigas, los ramos secos, la lámpara de petróleo, la vieja sombrilla de la abuela. La blanquísima escalera conduce a las habitaciones y a un cuarto de estar pequeño y muy luminoso.

De cena dentro de tres días

El dormitorio es la obra maestra de la casa. El sofá está un poco desencajado, pero es muy bonito. El armario es de viejo bambú, y la pequeña mesa escritorio de hierro y mármol, con todas las cosas que le gustan a Merete. En el cuarto de estar, una tumbona de mimbre, diseñada por la dueña de la casa.

En la página anterior:
la enorme mesa.
Hemos cosido el
mantel de lino que
encontramos entre los
retales de Merete,
hemos cogido racimos
de uvas verdes, hemos
colgado un cuadro del
pintor japonés
Setsuko, hemos
colocado un aparador
de madera celeste con
un reloj danés y las
dos columnas a los
lados.
Estamos agotadas,
pero felices.
¿Y la mesa?
Encantadora. La
enorme sopera inglesa
es de Leeds
Cramware, los platos
de Biscuit, los vasos
alemanes Rohmer del
siglo XIX, como los
cubiertos.
Los deliciosos
arbolitos de hojas de
eucalipto son daneses.

$\mathcal{U}$na cocina llena de pasión

Me había empeñado en encontrar una cocina auténtica,
verdadera, importante, con todos los utensilios que forman
parte de ese mundo fascinante, pero para mí tan
desconocido. Por lo tanto, no es casualidad que me
encuentre, una mañana de primavera, en un pequeño
pueblecito del Oltrepò paviano, en una vieja casa que, a
primera vista parece pequeña, pero que después se muestra
como muy grande. Y el huerto, el gallinero, las ocas, los
conejos y la cuadra con los caballos adorados por el dueño
de la casa. ¿Y la cocina? Increíblemente grande, llena a
rebosar de utensilios viejos, antiguos, nuevos, novísimos:
pucheros, sartenes, cuchillos, tenedores, cestas, cazos,
sacacorchos, jarras con flores...
Si se mira alrededor parece que uno puede sentir el olor de
las galletas, de los dulces, los asados, en esta atmósfera
tan auténtica y familiar. Finalmente, la veo a ella, la
auténtica reina de este reino, Franca Coppola, a la que
había conocido hace muchos años, jovencísima y en pleno
esplendor. Ahora la encuentro cambiada, serena, dulce y,
sobre todo, con el gran placer que proporciona el
dar de comer a los hijos, nietos y amigos.

✦

Parte de la colección
de relojes, otra de las
pasiones del dueño de
la casa. Y, además,
utensilios, pucheros,
cazuelas y tapaderas
de cobre colgadas de
la pared. Hay
también dos hornos
enormes para preparar
pizzas, dulces, asados
y pan.
Y los preciosos
caballos de Aldo,
que vienen todas las
mañanas a que les
acaricies antes del
habitual paseo.
Habrá problemas si
se retrasan los dueños:
los caballos comienzan
a relinchar y a
ponerles mala cara.

Al final, he descubierto que hablar de berenjenas, cebolla, coles, patatas y pan caliente, con alusiones a caballos, conejos y gallos, es extremadamente distendido, relajante y hasta divertido.

$\mathcal{U}$n cesto con rosas

Raimondo Bianchi es refinado, discreto, reservadísismo, snob, el mejor de todos y con una capacidad mágica para hacer ramos con rosas, tulipanes, fresias, ranúnculos, jacintos, hortensias, amapolas, cestas y cestos de todos los colores. Él, sin embargo, no quiere que ésto lo sepa nadie. Hace tiempo que intento fotografiar su casa, pero no le gusta la publicidad. Sin embargo, sigo pasando delante de su tienda para mirar los escaparates con sus cestos de flores azules. Se lo he dicho infinidad de veces: "Quiero venir a desayunar a este lugar mágico y hacer fotos". Un día tuve suerte y Raimondo Bianchi me invitó a desayunar. Todo resultó irresistible, la mesa, la comida y las flores, sobre todo las flores.

*U*n cesto con rosas

Todavía más flores, cestos, bolsas sobre los estantes y sobre las mesas de trabajo de Raimundo Bianchi. Y preciosas amapolas, tulipanes abiertos de todos los colores, campanillas y ranúnculos color violeta.

$\mathscr{U}$n cesto con rosas

A Raimondo Bianchi le encanta atar las flores de las formas más imaginativas y colocarlas en bolsas, en cestas indias. ¡Qué alegría levantarse por

la mañana y encontrar una de sus bolsas llena de jacintos perfumados con una nota: "Buenos días, señora Adamoli"!

La pasión por el trompe-l'oeil

*Es siempre una actriz, hasta cuando, al amanecer, se pone
al teléfono y comienza a contarte largas y fantásticas
historias sobre cosas y lugares fascinantes.
Ella es la diva, Valentina Cortese, guapa, etérea,
amada, mimada, envuelta siempre con pañuelos larguísimos
de seda muy ligera. Vive en sus casas doradas, rodeada
exclusivamente de objetos raros, pinturas trompe-l'oeil con
flores, ángeles que vuelan, encajes antiguos, sedas
luminosas elegidas con el placer y el deseo de quien adora
rodearse de cosas extraordinariamente hermosas.
La mesa ya está dispuesta, las rosas de la diva
recién cortadas, el cielo es azul rosado y Cupido
está lanzando su flecha.*

$\mathcal{L}$a pasión por el trompe-l'oeil

Las ventanas del comedor dan, como por encanto, a la laguna de Venecia, y desde aquí, desde la isla de la Giudecca, se ve la plaza de San Marcos. Sobre la mesa recubierta de seda celeste, como las cortinas y los divanes, un encaje de oro envejecido, platos antiguos del siglo XIX, todos distintos, con rosas pintadas y borde de oro, bajoplatos de oro, vasos con el escudo de oro y cubiertos de oro de Pui-Forcat. Los ángeles, las rosas, los candelabros de oro, las campanillas y Cupido completan la decoración. Todo alrededor, una espléndida pintura trompe-l'oeil.

Otra obra de arte de la casa de Valentina Cortese: su dormitorio, tomado exactamente del viejo café Florian de Venecia, pero adornado con ramos de rosas y retratos de la actriz y su hijo. La cama está cubierta con encajes y puntillas románticas, antiguas, naturalmente. La lámpara tiene un sombrero de hojas, para no desentonar con el trompe-l'oeil de la pared. El perro de la actriz ha sido inmortalizado en la puerta del salón.

Maravillosamente Liberty

Se llama Rosellina y es una mujer decidida, segura de sí misma, fuerte y culta. Ha nacido para ser empresaria. Su casa es preciosa, pero no ostentosa: se reconoce enseguida la mano de Gae Aulenti. El comedor, algo fuera de lo común, ha sido diseñado con una enorme librería alrededor de una mesa cuadrada muy grande. El resultado es un rincón muy íntimo para comer y recibir a los numerosos hijos y amigos de la familia.

Y, además, una vasta colección de platos, jarrones, cubiertos, bandejas, copas, fuentes, jarras, cuadros y toda clase de objetos Liberty, que la dueña de la casa adora coleccionar y cuida personalmente.

Dos enormes puertas correderas, detrás de la mesa, dan a una cocina preciosa, grande y, sobre todo, muy cómoda, que les da la libertad de servirse ellos mismos, como prefiere la dueña de la casa.

✦

El cuarto de estar de la
casa y, al fondo, la
librería que rodea el
comedor.
Surge un interrogante:
¿Las librerías se han
diseñado a medida de la
casa, o ha sido la casa
la que se ha construído
a propósito para dar
cabida a las librerías?
Realmente, son las
librerías las que dan
forma al pasillo, al
estudio, a la entrada y
los dormitorios.
Y, finalmente, la
espléndida colección de
jarrones Liberty.

Beata o nada

"Beata o nada", aparece escrito sobre la puerta del pequeño y delicioso comedor-cocina de la casa de Cristiana Brandolini, en París. Una casa diseñada desde el principio hasta el final por Mongiardino. El punto de partida de todo el proyecto ha sido un jarrón con hojas, y el resultado, una casa con la atmósfera gótico-romántica que deseaba la dueña.

A la condesa Cristiana no le gusta mucho recibir invitados en casa y, cuando lo hace, se trata de unos pocos amigos, como máximo seis personas, a los que deleita con una comida simple y deliciosa. Le encanta dedicar mucho tiempo y toda la atención posible a sus huéspedes: "Detesto las fiestas con decenas o centenares de personas. No entiendo para qué sirven esas reuniones: no consigues encontrar a nadie y mucho menos intercambiar un par de palabras".

Quiero dar las gracias a Tenza Tartarini por haber tenido una gran paciencia conmigo. Por mi culpa ha tenido que vivir momentos de ansia y estrés.

La comida está dispuesta sobre una mesa inglesa de mosaico en mármol: las sillas, de estilo gótico-romántico, los platos y los vasos de cristal, del siglo XVIII veneciano, al igual que los bajoplatos de plata. Como centro de mesa una Venus de mármol.

Y alrededor de la
mesa, un artesonado
de estilo gótico,
diseñado por
Mongiardino, con
libros, jarrones,
candeleros, cafeteras
de Tiffany, platos
franceses, tazas de
oro. Todo un conjunto
de estilos diversos que
a Cristiana
Brandolini le gusta
mezclar con gran
gusto.

$\mathcal{J}$ugando con la fantasía

Hay siempre algo nuevo en la casa de Stefano Mantovani, un precioso palacio romano del siglo XVIII, porque este famoso arquitecto, irónico, elegante, perezoso, ecléctico, accesible, culto e imaginativo, se divierte cambiando continuamente los ambientes de la casa, jugando con los muebles y viajando de un mundo a otro, pero siempre "desde casa".

Las habitaciones de su enorme casa son de diversos estilos, con tejidos combinados con tal imaginación que siempre sorprenden, con objetos unas veces pobres y otras no, con cosas de ayer y de hoy combinadas para confundirnos. Ambientes que resultan de esta fabulosa mezcla: el café francés, el salón colonial, el cuarto de estar español.

Stefano Mantovani crea casas nuevas para jóvenes, divertidas, fascinantes, desenfrenadamente imaginativas y nada caras. Los resultados son sorprendentes: casas lujosas, preciosas e importantes, pero que a la vez no son de lujo, ni preciosas ni importantes, pero que están repletas de cosas, rebosantes de color y que son, en definitiva, muy divertidas.

Un perfecto ejemplo
del estilo de Stefano
Mantovani: una de
las habitaciones-salón
para huéspedes de su
enorme casa de
Roma.
Un conjunto de
muebles, telas y
objetos de muchos
colores, pero nunca
demasiados. El tejido
de las paredes es el
de las chaquetas de
camarero, los cuadros,
los mismos que los de
los manteles. Una
composición
desenfrenada.

Grandes borlas de Mazzoni de Roma, alzapaños de distintos colores y tejidos de chaqueta de camarero. Una colección de antiguas sillas y un sillón grande de mimbre francés del siglo XVIII, muchos recuerdos de viajes, retratos de amigos, actores y parientes.

El salón blanco tiene un aire típicamente colonial. Las persianas blancas y los espejos recuerdan a un famoso hotel de Estambul, las porcelanas chinas azules, los divanes y los sillones blanquísimos, la colección de animales sobre las sillas, muebles y estantes y la divertida y simpática manta de viaje tejida con viejas corbatas.

Es como encontrarse
inesperadamente en un
café de la Rive
Gauche: el comedor,
con tres mesas
preparadas
lujosamente, muchas
sillas de viejo bambú o
madera rústica,
consolas llenas de
objetos y candelabros,
tejidos de kilim en las
paredes, pequeños
cuadros y cachemira
en los manteles, viejos
vasos, platos de oro
y platos soperos
de cristal.
Un ambiente repleto
de cosas, pero
agradable y divertido.

No se acabaría
nunca de deambular
por la casa de
Stefano. Hay
todavía dos
comedores más.
En la página anterior:
un comedor con mesa
cuadrada, preparada
para el desayuno con
tazas de color oro y
azul, teteras
marroquíes, un tarro
como azucarero y
alegres trompe-l'oeil
de dulces, tortas,
soperas y tazas.
En el salón la
atmósfera se vuelve
rusa y aparecen de
nuevo por todas
partes los tejidos de
las chaquetas de
camarero, desde los
manteles hasta las
paredes.
Los apliques de la
pared siguen la idea
de los huevos de
Pascua de la
Perugina, diseñados
por el mismo
Mantovani.

Silencio, por favor

Hay que entrar de puntillas en su casa para que nos envuelva ese aire mágico, de incienso, que nos embelesa.

Y ella, Flaria Rattazzi, nos serenará con su dulce sonrisa. Es como abrir uno de aquellos balcones, deliciosos y misteriosos, que pinta Flaria: nos dejan con la curiosidad de saber qué hay dentro, pero con la seguridad de que ese algo nos tranquilizaría.

¿Qué decir de Flaria? La amiga que ha seguido mis anhelos y depresiones, la amiga ideal y, seguramente, una compañera para siempre.

Su casa es informal y mágica, con tantas flores delicadas. Muchas fotografías de sus hijas, de sus hermanas, parientes, amigos y amores. Ella misma ha pintado las acuarelas y los cuadros, los muros encantados y los Budas propiciadores. No acabaría nunca de hablar de Flaria, pintora, psicóloga infantil, analista y hasta escritora: su último libro, *Resurrección de mujer*, es muy bueno y, además, necesario para entender nuestra historia, la historia de todas las mujeres.

Silencio, por favor

María ha preparado la mesa en el cuarto de estar-comedor: se come con los Budas, con campanillas, recuerdos, platos franceses, lamparillas y muchas velas. Y, además, la deliciosa y diminuta cocina, con un rincón íntimo para desayunar, las tazas y flores, las galletas naturales, las vitaminas americanas, las tisanas. Además, María sabe cocinar muy bien: para hacer dulces tiene muchísimos moldes que colecciona desde hace años, y que cuelga de la pared de la cocina.

$\mathcal{U}$na cena del siglo XVIII

Para terminar este largo y divertido paseo alrededor de
las mesas, una curiosidad histórica: una invitación para
cenar en el siglo XVIII.
Maurizio y Barbara Sammartini nos reciben
en su palacio de Pisani Moretta, que da al
Gran Canal de Venecia.
Un mantel de encaje del siglo XVIII, platos de
una porcelana pintada de azul, cubiertos de plata
San Marcos, vasos de cristal con el borde de oro.
Tres o cuatro botellas para cada huésped,
dependiendo de los vinos.
Una sopera con fruta como centro de mesa, de la misma
porcelana azul de los platos. Una espléndida araña,
naturalmente con velas. Todo es exactamente igual a
cuando en el siglo XVIII los abuelos de los Sammartini
recibían a sus huéspedes.

*Una particularidad
de la mesa.
Una parte del
imponente salón de la
entrada.
Uno de los muchos
comedores con que
cuenta el palacio
Pisani Moretta,
con enormes arañas
con velas, la chimenea
y el techo en todo
su esplendor.*

uiero dar las gracias a Marisa Faina, que me ha apoyado siempre a la hora de decidir y realizar este libro. Y gracias a todos aquellos que han colaborado, porque lo han hecho con entusiasmo, disponibilidad, paciencia y amistad: Adelaide Acerbi, Chiara Ambrosi, Tiziana Angeli, Rosellina Archinto, Beatriz Aristimuno, Martin Ball, Stefania Bernabei, Piera Besozzi, Raimondo Bianchi, Rino Bianchi, Luciana Bertolini, Marise Boan, Michele Bonan, Cristiana Brandolini D'Adda, Jean Braham, Tiziana Bulleri, Anna Maria Callindri, Licia Cappelletti, Ennia Colla, Diana Colonna, Teresa Ginori Conti, Franca y Aldo Coppola, Monica Coppola, Valentina Cortese, Randa Eid, Giovanna Erbini, Gavino Falchi, Ines de la Fressange, Maribe Gallarda, Nicholas Haslam, Anouska Hempel, Elisabetta Hoepli, Minn Hogg, Kit y Tim Kemp, Suny Host Ivessich, Giorgo Host Ivessich, Manuel Jiménez, Stefano Mantovani, Rina Marcassus, Barbara y Giuse Marramà, Daniela Mingaia, Gianna Monaco, Matilde Morara, Antonio Moresco, Paolo Moschino, Isabella y Oriana Neri, Costantino Pisoni, Francesco Priori, Emmì Puppa, Carolyn Quartemaine, Ilaria Rattazzi, Enrica Saibene, Barbara y Maurizio Sammartini, María Carmen Santaella, Merete Stembok, Pupi Solari, Marlea y Guido Somarè, Elisabetta Trotter, Kenneth Turner, Serafino Zocco y Yaya. Gracias a Federica. Gracias a mi hija Chantal. Y además, gracias de todo corazón a Franca y a Piergiorgio Coin.

Agradecimientos

Muchas gracias a los fotógrafos que han colaborado:
Luca Lionello: pág. 54-61
James Mortimes: pág. 8-9, 20-21, 30-43, 44-51, 96-103, 138-143, 144-149, 180-185, 212-215
Giovanna Piemonti: pág. 62-71, 114-125, 126-135, 156-167, 198-207
Michelangelo Princiotta: pág. 52-53, 76-85, 104-113, 174-179, 208-211
Fritz von der Schulenburg: pág. 22-29
Renza Tartarini: pág. 86-95, 192-195
Angelo Tondini: pág. 72-75, 104-113, 136-137, 150-155, 168-173, 174-179, 186-191, 208-211
Gracias también a los ayudantes:
Gianluca Bianchi
Mico Marziali
Alessio Marramé

Los reportajes fotográficos han sido realizados con la colaboración de:

Arform (objetos) Via Moscova, 22 – Milán– tel.02/6554691
Artesanía San José (cestos) Pedro Texeira 8– Madrid – tel.034/1/5550977
Avant de Dormir –Via Turati, 3– Milán – tel.02/6599990
Bagioli (porcelanas) Corso Vercelli, 23– Via Salutati, 9 –Milán – tel.02/48000504
Florindo Besozzi (marcos históricos para la casa actual) Via Gallarete, 221 – tel.02/39002325
Raimondo Bianchi (flores) Via Mondebello, 7 – Milán – tel. 02/6555108
Bises Novedades (tejidos) Via Fleming, 55 –Roma – tel.06/3332435
Blakes Hotel –33 Roland Gardens – Londres SW7 – tel. 0044/71/3706701
Marise Boan (cerámicas) 31 Thurloe street – Londres SW7 2LQ – tel. 0044/71/8237542
Mauro Brucoli (antiquario) Via della Spiga 46 – Milán – tel.02/76023767
Capricci e vanità (encajes y puntillas) S. Pantalon, 3744 –Venecia – tel. 041/5231404
Class (muebles y objetos decorativos) Corso San Giorgio, 84 –Teramo – tel.0861/554372
Cerámicas Stessi –Via A.Volta, 26 –Este (PD) – tel. 042/94848
Coin sede –Via Terraglio – Mestre (Ve) – tel.041/5498000
Conran (decoración y objetos) 77 Fullham Road – Londres – tel.0044/71/5897401
Lisa Corti (tejidos y muebles) Via Meda, 5 –Milán – tel.02/8361078
Deco (objetos de decoración) Via Nicola Palma –Teramo – tel.0861/30340
Designers Guild –271 y 277 Kings Road SW3– Londres – tel.0044/71/2437300
Driade –Via Padana Inferiore 12 –Fossadeglio di Caorso (PC) –TEL.0523/818618
Eclectica (objetos y decoración) Corso Garibaldi, 3 –Milán – tel.02/876194
Ed. A. I. –Via G. Guinicelli, 4–Florencia – tel.055/574774
Emiliana Parati (tejidos, complementos) Via Case Sparse, 16– Vico Moscano (CR) – tel. 037/52801
Ines de la Frassange –14 avenue Montaigne –París – tel.0033/1/44438701
Via Montenapoleone, 12 –Milán – tel.02/76006461

Giacomo (restaurante) Via B. Cellini -Milán - tel.02/76023313

Nicholas Haslam (decoración) 12 Holbein place SW1 8NL - Londres - tel.0044/71/7308623

Anouska Hempel Ltd. - 2 Pond place -Londres SW3 6QJ - tel.0044/71/5894191

Hermès -Via Dante,4 -Milán -tel.02/72010910

Il giardino (viveros y flores) Via Ghiabellina, 37 - Florencia - tel.055/2341058

Il mio giardino (flores) Corso Matteotti, 60 - Rapallo (GE) - tel.0185/50383

Il sorbetto (encajes y bordados) Via S. Caterina, 1 - Milán - tel.02/58307040

La fattoria di Porto Rotondo - Via Montebello, 7 - Milán - tel.02/6597843

L'Utile e il Dilettevole - Via della Spiga, 46 - Milán - tel.02/76008420

Nason Moretti (vajillas) Via Serenella, 12 - Murano (VE) - tel.041/5231504

Largo Treves, 5 - Milán - tel.0033/43292150

Palazzo Pisani Moretta - San Polo 2766 - Venecia - tel.041/5205226

Pisoni (cerería) Corso V. Emmanuele, 127 - Roma - tel.06/6543531

Poilane (panadería) 8 Rue du Cherche Midi - París - tel.0033/1/45484259

Carolyn Quatermaine - 72 Philbeach Gardens - SW5 Londres - tel.0044/71/3734492

Radaelli flores - Via Manzoni, 16 - Milán - tel.02/76002876

Ranieri (pastelería) Via Moscova, 7 - Milán -tel. 02/6595308

Santi (vajillas) Ramo Beroviero, 5G - Murano (VE) - tel.041/739156

Pasquale Scocchia (cerámica artística) Teramo - tel.0861/554372

Taitù (porcelanas) Via Bigli, 16 - Milán - tel.02/76005402

Textures (tejidos y paramentos) 55 Rue des Saintes Pères - París - tel.0033/1/45489088

The Pelham Hotel - 15 Cromwell Place - Londres SW7 - tel.0044/71/5898288

Kenneth Turner (flores) 19 South Audley Street - Londres W9Y 6BN - tel.0044/71/4951607

Título original:

INTORNO ALLA TAVOLA

Traducción:

Milagro Martín Clavijo

© 1993, Arnoldo Mondadori Editore S. p .A., Milano,
y EDITORIAL EVEREST, S. A.
Carretera León-La Coruña km 5 - LEÓN
ISBN: 84-241-2938-5
Depósito Legal: LE: 268-1997
Printed in Spain - Impreso en España

EDITORIAL EVERGRÁFICAS, S. L.
Carretera León-La Coruña km 5
LEÓN (ESPAÑA)